QUELQUES MOTS

SUR LA MAXIME

LE ROI

RÈGNE ET NE GOUVERNE PAS.

PAR

NICOLAS P...

Suum cuique.....

—

PRIX : 50 c.

—

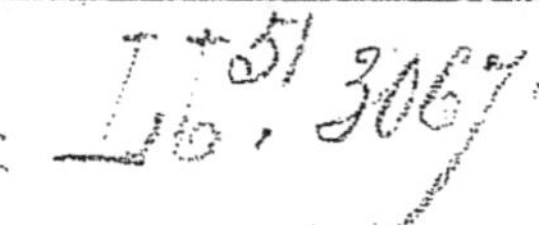

PARIS.

CHEZ DELAUNAY, LIBRAIRE,

AU PALAIS ROYAL,

ET CHEZ LES MARCHANDS DE NOUVEAUTÉS.

—

1840.

Suum cuique......

Depuis longtemps, se débat la question de savoir si, dans notre monarchie constitutionnelle, il est du droit et, par conséquent, du devoir de la Royauté, de prendre un rôle actif dans les hautes questions qui intéressent la France, soit à l'intérieur, soit à l'extérieur.

Les uns soutiennent que la Royauté n'est point une puissance inactive dans la constitution que, tête du pouvoir exécutif, c'est à elle qu'il appartient de guider ses ministres, ou tout au moins d'arrêter avec eux la direction qu'il s'agit d'imprimer au vaisseau de l'État.

Les autres, au contraire, plaçant sur leur bannière la maxime, peu lucide d'ailleurs, le *Roi règne et ne gouverne pas*, prétendent que, dans notre monarchie tempérée, la Royauté est une puissance qui doit demeurer immobile, et ne se signaler que par l'apposition de son seing, ou par l'emploi de son veto suspensif. Ce n'est donc à leurs yeux qu'une puissance secondaire, n'ayant aucune force d'action; et ils s'écrient avec Boileau :

> Hélas! qu'est devenu ce temps, cet heureux temps,
> Où les Rois s'honoraient du nom de fainéants,
> S'endormaient sur le trône et, me servant sans honte,
> Laissaient leur sceptre aux mains ou d'un maire ou d'un comte?

Peut-on de bonne foi prétendre que les législateurs de 1830 aient voulu constituer une semblable Royauté; peut-on croire qu'un semblable monarque eût jamais pu prétendre au respect et à la confiance de la nation ; peut-on croire enfin que, dans ces limites étroites et mesquines, la Royauté eût été acceptée par un prince que tous savaient posséder une haute conception d'esprit, une sage prudence, une rare fermeté, et qu'il eût consenti à faire abnégation de ces éminentes facultés, pour venir se placer sous la tutelle d'un ministre ?

Il n'est pas, au surplus, de moyen plus sûr de juger et d'apprécier une question, de quelque nature qu'elle soit, que de la réduire et de la ramener à sa plus simple expression; or la question qui nous occupe réduite à ces termes : le Roi est-il le subordonné du ministre, ou le ministre le subordonné du Roi? nous semble d'une solution simple, facile, et à

la portée de toutes les intelligences; car il en ressort
une de ces vérités qui, par leur simplicité même et
leur évidence, échappent à toute démonstration.

Frappés eux-mêmes de cette évidence, les partisans
de l'indépendance ministérielle déclarent que le Roi
n'est et ne peut être le subordonné des ministres;
mais que réciproquement, le ministre n'est pas le
subordonné du Roi; que ce sont deux puissances
distinctes, indépendantes l'une de l'autre, et ayant
chacune leur centre d'action. Que si le Roi est un
pouvoir, le ministre en est un autre. D'où il résul-
terait qu'il y aurait quatre pouvoirs dans l'État : le
pouvoir royal, le pouvoir ministériel, la chambre des
pairs et la chambre des députés.

S'il en est ainsi, la constitution aura sans doute
fixé les limites des deux premiers pouvoirs; car
puisqu'ils doivent être distincts et indépendants l'un
de l'autre, elle n'aura pas omis de tracer la ligne
qui les doit séparer. C'est vainement cependant que
nous y cherchons, pour le pouvoir ministériel,
un titre analogue à celui-ci : Forme du gouvernement du Roi; c'est vainement encore qu'en parcou-
rant ces différents titres, on s'efforce d'y découvrir
l'essence de ce pouvoir. On voit seulement que le
Roi doit avoir des ministres, que les fonctions de
pair et de député ne font point obstacle à cette dignité
et que les ministres sont responsables des actes de la
royauté. Mais jamais il ne leur est attribué ni pouvoir ni puissance directs.

Admettons cependant qu'il existe un pouvoir ministériel, distinct du pouvoir royal et indépendant de ce

pouvoir ; de qui relèvera-t-il ? ce ne sera pas de la Royauté, autrement nous serions d'accord ; ce sera donc des chambres, car, dans un gouvernement constitutionnel, le Roi seul ne relève d'aucune puissance, parce que seul, il est placé au-dessus de tous.

Que si le ministre relève des chambres, ou pour être plus exact de la chambre des communes, la seule en France, qui puisse par sa force prétendre à une puissance d'action, il devient évident que l'équilibre est rompu et l'harmonie entièrement détruite. Car dès ce moment, le pouvoir législatif aura commis un empiètement sur le pouvoir exécutif, puisqu'il sera devenu partie de ce pouvoir qui recevra ses volontés pour les imprimer à la nation.

Que si, dit Montesquieu, la puissance exécutrice était confiée à un certain nombre de personnes tirées du corps législatif, il n'y aurait plus de liberté, parce que les deux puissances seraient réunies, les mêmes personnes ayant quelquefois et pouvant toujours avoir part à l'une et à l'autre.

Or c'est ce qui aurait infailliblement lieu, dans notre gouvernement, si les ministres venaient à relever de l'une des deux chambres, ou de toutes deux réunies, et non de la Royauté. Car d'une part, ils participeraient tour à tour à la puissance législative et à la puissance exécutive, et de l'autre, forcés de flatter une puissance dont ils se sentiraient dépendants, ils verraient leurs pouvoirs s'annihiler peu à peu pour passer en entier aux mains du parti démocratique, bien connu pour réunir les pires éléments de gouvernement : le despotisme et l'anarchie.

Si le pouvoir ministériel ne relève pas et ne peut relever des chambres réunies, et moins encore de l'une des deux chambres, sans détruire l'équilibre constitutionnel, si d'autre part nul pouvoir n'est indépendant, force est donc que le ministre relève de la royauté et dès lors ne lui doit-il pas foi et hommage; ne lui doit-il pas surtout de ne rien entreprendre sans avoir obtenu son assentiment?

An surplus, hâtons-nous de le dire: si nous ne concevons pas le pouvoir ministériel indépendant du pouvoir royal, nous ne concevons pas davantage le pouvoir royal s'exerçant en dehors et à l'insu des ministres : si le Roi est la tête du conseil, le ministre en est le bras responsable, il doit donc y avoir entre eux solidarité, communauté d'action. Incarné, pour ainsi dire, à la Royauté, le ministre ne peut, ni s'en détacher, ni en être détaché, que pour la couvrir de sa responsabilité et voler au devant des calomnies, des attaques, des accusations. Son rôle n'est donc point de domination, de puissance et d'orgueil, mais de dévouement et d'abnégation. Que, dans le silence du conseil, il résiste au pouvoir royal, qu'il combatte ses résolutions, qu'il défende même, s'il y a lieu, la constitution et les lois, c'est son devoir et son droit; mais jamais ni ces discussions, ni ces luttes ne doivent transpirer au dehors; car, vis-à-vis de la nation, le ministre n'étant que la représentation et l'image de la pensée royale, il ne doit pas manifester d'opinion personnelle. Si, cependant, il ne peut partager les vues de la royauté, ou lui faire partager les siennes, qu'il se retire, mais qu'il se retire avec calme, sans fiel au cœur, sans haine dans l'âme, et avec la seule douleur de ne plus pouvoir servir son pays et son Roi.

Nos principes peuvent, au surplus, se réduire à ceci : le chef de l'État c'est le Roi, mais comme sa personne est inviolable et sacrée, et que, dans un État constitutionnel, il ne peut exister de pouvoir sans contrôle, la puissance royale ne doit agir et s'exercer qu'avec le concours des ministres qui demeurent responsables des actes de cette puissance, vis-à-vis des chambres et de la nation. D'où il suit, que le pouvoir ministériel n'est rien du moment qu'il vient à se séparer du pouvoir royal, car, dès lors, il n'est la représentation d'aucune puissance légitimement constituée.

Si ces principes sont consacrés par la constitution, la conséquence nécessaire sera l'inconstitutionnalité de la maxime le Roi règne et ne gouverne pas ; voyons donc si nos principes sont bien ceux portés dans la Charte.

L'article 13 de ce pacte fondamental dit : *Le Roi est le chef suprême de l'État,* c'est-à-dire qu'il en est la tête, l'âme, la vie, et, de crainte de doute à cet égard, il ajoute : *il commande les forces de terre et de mer, déclare la guerre, fait les traités.*

L'article 12, décrète que le Roi *seul* a la puissance exécutive.

L'article 18, que *seul*, il sanctionne et promulgue les lois.

L'article 48, que toute justice émane du Roi, qu'elle s'administre en son nom, par des juges qu'il nomme.

Si le Roi seul a la puissance exécutive, si, seul, il
promulgue et sanctionne les lois, s'il commande les
armées, s'il peut faire la guerre ou la paix, il a
donc en sa main tout le gouvernement du pays, et
les ministres n'en peuvent avoir une part et portion
quelconque que par suite de délégation.

Ainsi il demeure constant que le Roi a été institué
pour avoir le gouvernement de l'État, et que le rôle
des ministres consiste à l'aider et à le soulager dans
cette pénible tâche, et surtout à couvrir de leur responsabilité les actes de la Royauté.

Au premier abord, il peut paraître étrange que le ministre vienne répondre devant le pays, d'actes qui ne sont
point siens, et, que peut-être, il n'a pas approuvés;
mais un examen sérieux démontre qu'il n'en peut
jamais être ainsi; car, si l'opinion, si l'acte reproché
n'est point émané de lui, il l'a consenti et approuvé, il
l'a fait sien en demeurant au pouvoir, il est donc juste
qu'il en porte toute la responsabilité, soit qu'il ait agi
sous l'influence de ses propres inspirations, soit qu'il
ait été entraîné à accepter celles du chef de l'État.

Si, dans ces conditions, nos hommes d'État n'ont
point assez de dévouement et d'abnégation pour devenir
les conseillers responsables de la couronne, qu'ils se
retirent et cèdent la place à de plus dignes. Car il est
encore des cœurs droits que le démon de l'orgueil n'a
point égarés et qui se glorifieraient de servir la Royauté
dans les termes de la constitution.

De quel droit d'ailleurs, un ministre viendrait-il inter-
dire à celui que la charte déclare le chef suprême de
l'État, (caput), la tête, la vie de la nation, le droit

d'assister à des délibérations qui ont pour but d'arrêter l'impulsion à donner au corps dont il est le centre d'action? Comment oserait-il prétendre que celui dont il tient son pouvoir, qui commande les armées, qui fait la guerre et la paix, n'aura point le droit de franchir le seuil du sanctuaire ministériel où s'agiteront de si brûlantes et de si palpitantes questions? Comment enfin serait-il assez insensé pour rejeter sa longue expérience et sa haute intelligence des affaires politiques? Et dans quel but, dans quel intérêt, voudriez-vous donc réduire la Royauté à ce point d'abaissement et de décadence que, séquestrée dans son palais, elle attendît de votre bon plaisir de connaître la marche et les mesures qu'il vous aurait plu d'adopter? C'est pour que chaque député puisse venir à son tour parodier l'orgueilleuse parole échappée, dit-on, à un ministre de la royauté absolue : LE ROI, C'EST MOI.

Les ministres, comme tous les pouvoirs de l'État, ne peuvent avoir d'autres droits que ceux qui leur sont consentis par la charte. Or la charte est complètement muette à leur égard. Ils n'ont donc pas de pouvoir par eux-mêmes comme puissance ministérielle, mais seulement comme expression de la puissance royale. A ce titre ils lui doivent compte de toutes leurs actions, avant qu'à toute autre puissance, et c'est surtout un devoir sacré pour eux de ne jamais dévier de la ligne arrêtée en commun.

Dans cette position, sans doute, le parti populaire, l'élément démocratique, rencontrera des obstacles qui l'empêcheront de se répandre comme un torrent et de tout envahir ; mais ces obstacles même lui seront utiles en le maintenant dans de justes limites et en le préservant de l'abus de sa force et de sa puissance.

Enfin ce serait une erreur de croire que les obstacles que pourront réciproquement s'opposer, la royauté, l'aristocratie et la démocratie, entraveront la marche du gouvernement, et que le choc de ces trois puissances aura pour résultat l'inaction et le repos car, comme par le mouvement nécessaire des choses, elles sont contraintes d'aller, elles seront forcées d'aller de concert.

Ainsi la maxime, si souvent répétée : le Roi règne et ne gouverne pas, est une hérésie constitutionnelle qui tend à la division du pouvoir exécutif que la Charte a déclaré ne pouvoir résider que dans une seule main, à savoir : celle du Roi ; il nous importe donc fort peu que ce principe règne en Angleterre, ainsi qu'on l'a souvent répété, puisque ce n'est pas d'après la constitution britannique que se doit gouverner la France. Mais s'il en est ainsi en Angleterre, comment Montesquieu, qui a analysé cette constitution d'une manière lucide et profonde, n'a-t-il point relevé et signalé cette division de pouvoirs, entre le ministre et le Roi ? Comment donc se fait-il qu'il les associe sans cesse, qu'il n'en fasse qu'une seule et même puissance et qu'il ne les sépare que lorsqu'il s'agit d'inviolabilité d'une part, de responsabilité de l'autre ?

Montesquieu dit, à la vérité, quelque part : « La « puissance exécutive ne faisant partie de la législative « que par sa faculté d'empêcher, elle ne saurait entrer « dans le débat des affaires. » Mais ce principe qui peut être vrai, ne saurait nous être opposé, car il s'agit ici de *débats législatifs*, et par conséquent son application ne pourrait mener qu'à faire exclure les ministres (délégués de la puissance exécutive), des délibérations législatives, et non à séparer le pouvoir royal du pouvoir ministériel.

Admettons cependant que ce principe soit une des bases de la constitution Anglaise, serait-ce une raison plausible de l'introduire en France, dont l'organisation n'a d'autre analogie avec l'organisation de l'Angleterre, qu'une similitude des formes? Sans doute, comme l'Angleterre, la France possède trois pouvoirs, mais ces pouvoirs se peuvent-ils comparer?

En Angleterre, la royauté est respectée à l'égal de la divinité dont elle est la représentation théologique, son nom n'est prononcé qu'avec amour et respect, et le *God save the king* ne s'y entonne qu'avec enthousiasme et délire.

En Angleterre, la chambre haute est toute-puissante; elle est le véritable pivot de l'État, et son pouvoir est assis sur la base formidable de la propriété.

En France, la pairie a été dépouillée de tout ce qui pouvait matériellement constituer sa puissance; aussi demeure-t-elle sans force, malgré les nombreux talents de tous genres qu'elle renferme, et qui, s'il était possible de constituer un pouvoir politique sur des bases purement morales, devraient lui assurer la suprématie dans l'État. Quel corps, en effet, a jamais compté plus de profonds jurisconsultes, d'habiles guerriers et de grands hommes d'État? Mais c'est en vain qu'elle cite avec orgueil : les Molé, les Broglie, les Pasquier, les

Barthe, les Portalis, les Soult et tant d'autres ; il n'en demeure que plus constant que le talent seul ne suffit pas pour pouvoir combattre, avec avantage, la fougue et l'activité de l'élément populaire.

En Angleterre, si la chambre des communes est puissante, elle trouve dans la chambre haute un redoutable adversaire.

En France, au contraire l'élément populaire n'a de contre-poids véritable que dans le pouvoir royal, et c'est celui qu'on nous propose de briser et d'anéantir.

Il n'y a donc, entre la constitution des divers pouvoirs de ces deux pays, d'autre analogie, qu'une analogie de forme et dès lors, il est évident qu'un principe sans danger dans l'un, peut être d'un effet terrible dans l'autre.

Qu'au surplus, on étudie attentivement le principe du gouvernement constitutionnel, et on verra qu'en Angleterre même la maxime le Roi règne et ne gouverne pas, est une violation de la constitution. Car du moment que le ministre n'agit pas de concert avec la royauté, du moment que son action n'est plus commune avec celle-ci, le ministre n'étant pas puissance par lui-même, il faut de toute nécessité qu'il aille chercher un appui près des pouvoirs législatifs, ou plutôt près d'une partie de ce pouvoir, suivant que la chambre des communes ou la chambre haute sera la puissance dominante de l'État, et, peut-être, ne serait-il pas difficile d'établir que l'aristocratie Anglaise s'est ainsi enrichie aux dépens de la Royauté.

Mais s'il peut être sans inconvénient grave que le pouvoir de l'aristocatie soit momentanément accru, il n'en serait pas de même si la puissance exécutive venait à passer aux mains de la chambre des communes. Que la France n'oublie donc pas que 90 a été le prélude de 93.

Et vous tous qui déclarez ne vouloir que le bien de la France, restez donc dans la constitution; laissez à la Royauté toute la puissance, toute la force dont la loi a voulu l'entourer : laissez la gouverner de concert avec ses ministres, puisqu'ainsi le veulent et la raison et les lois, et ne venez plus prétendre que la royauté de juillet ne doit pas gouverner, lorsqu'au 9 août 1830, vous avez exigé d'elle le serment suivant :

« En présence de Dieu, je jure d'observer fidèle-
« ment la Charte constitutionnelle, de ne *gouverner*
« que par les lois et selon les lois, de *faire rendre*
« bonne et exacte justice à chacun selon son droit,
« et d'*agir* en toutes choses dans la seule vue de
« l'intérêt, du bonheur et de la gloire du peuple
« français. »

RENDEZ DONC A CÉSAR, CE QUI APPARTIENT A CÉSAR, ET A DIEU, CE QUI EST A DIEU.

SOISSONS, — IMPRIMERIE DE EM. FOSSÉ DARCOSSE, RUE DES RATS, N° 10.

9 782013 192545

www.ingramcontent.com/pod-product-compliance
Lightning Source LLC
Chambersburg PA
CBHW050812070726
47595CB00015B/3169